MEINE ERSTEN 500 WÖRTER AUF TAMAZIGHT

ⵜⴰⵛⵓⵏⵜ ⴻⵍⵙ ⵜⴰⵛⵯⵓⴰⵖⵜ
ⵉ ⵜⵙⵜⵏⵓⵙⵜ ⵜⴰⵛⵓⵯⴻⵢⵜ

VOM SELBEN AUTOR

Atlas Verlag

KONTAKT

Ihre Vorschläge und Kommentare
sind willkommen:

https://bio.link/Afulay

Wenn Ihnen unsere Arbeit gefällt, hinterlassen
Sie uns bitte einen Kommentar. Wir würden
uns über Ihr Feedback freuen.

INHALT

DAS ALPHABET — ⵜⵉⴼⵉⵏⴰⵖ

A a أ	B b ب	G g گ	Gʷ gʷ گُ	D d د
Dḍ ض	E e -	F f ف	K k ك	Kʷ kʷ كُ
H h ه	Ḥ ḥ ح	Ɛ ɛ ع	X x خ	Q q ق
I i إ	J j ج	L l ل	M m م	N n ن
U u وُ	R r ر	Ṛ ṛ ر	Ɣ ɣ غ	S s س
Ṣ ṣ ص	C c ش	T t ت	Ṭ ṭ ط	W w و
Y y ي		Z z ز		Ẓ ẓ ژ

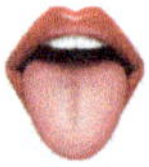

DIE MENSCHEN, DIE FAMILIE　　ⵜⴰⵎⵢⵉ, ⵜⴰⵡⵊⵉⵙ

ⴰⵔⴳⴰⵣ

argaz

der Mann

ⵜⴰⵎⵜⵜⵓⴹⵜ, ⵜⴰⵙⴷⵏⵜ

tamṭṭuḍt, tasdnt

die Frau

ⴰⵔⴱⴰ, ⴰⴼⵔⵓⵅ

arba, afrux

der Junge

ⵜⴰⵔⴱⴰⵜ, ⵜⴰⴼⵔⵓⵅⵜ

tarbat, tafruxt

das Mädchen

ⵉⵛⵉⵔⵔⴰⵏ

icirran

die Kinder

ⵜⴰⵙⵍⵎⵢⴰ, ⴰⵎⴹⵓⴹ

taslmya, amḍuḍ

das Baby

mddn, middn
die Leute

tawja
die Familie

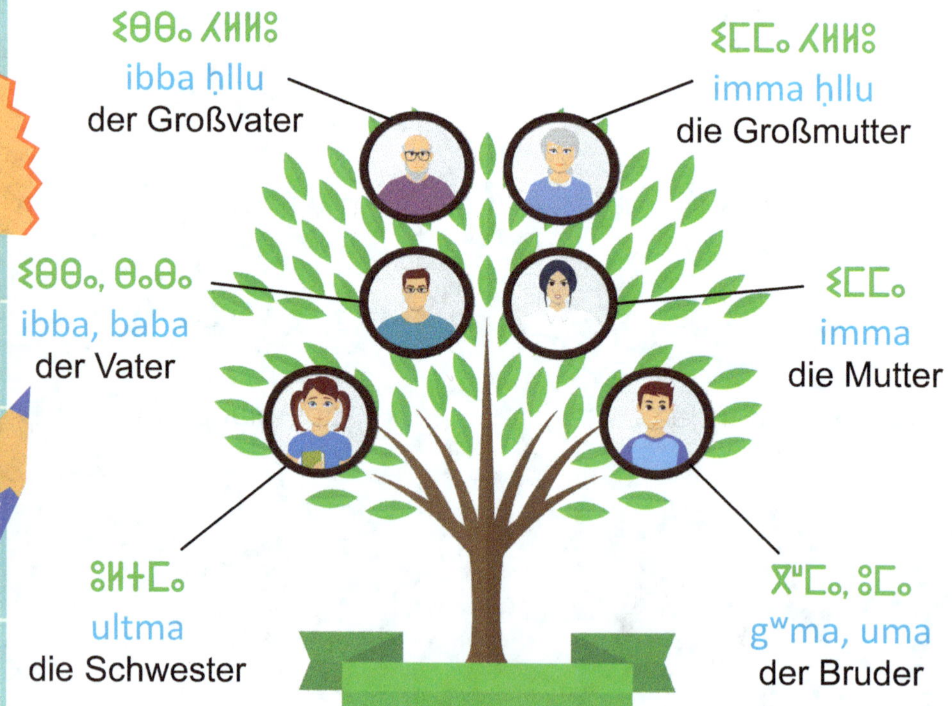

ibba ḥllu — der Großvater

imma ḥllu — die Großmutter

ibba, baba — der Vater

imma — die Mutter

ultma — die Schwester

gʷma, uma — der Bruder

DER KÖRPER ⵜⵓⵎⵥⵥⵓ

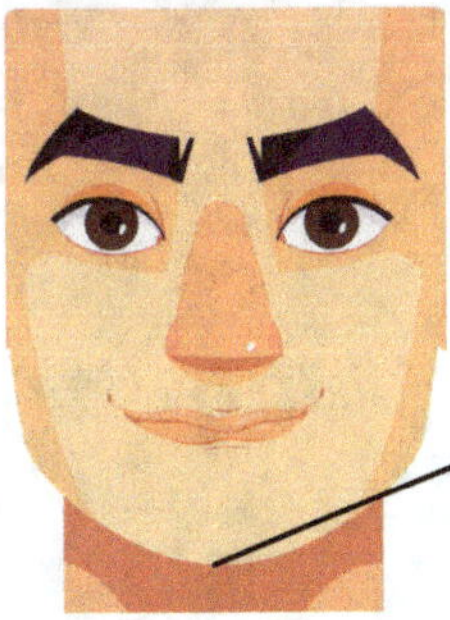

ⵜⵓⵢⵙⵎⴰⵔⵜ
taysmart
das Kinn

ⵎⵥⵥⵓ
azzar
die Haare

ⵓⴷⵎ
udm
das Gesicht

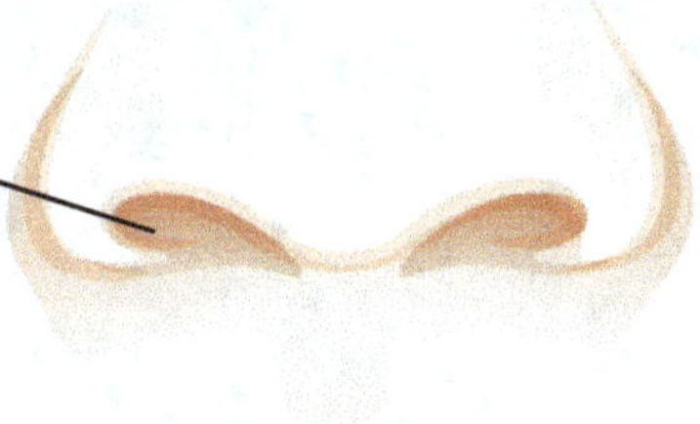

ⵜⵉⵏⵣⵔⵜ
tinzrt
das Nasenloch

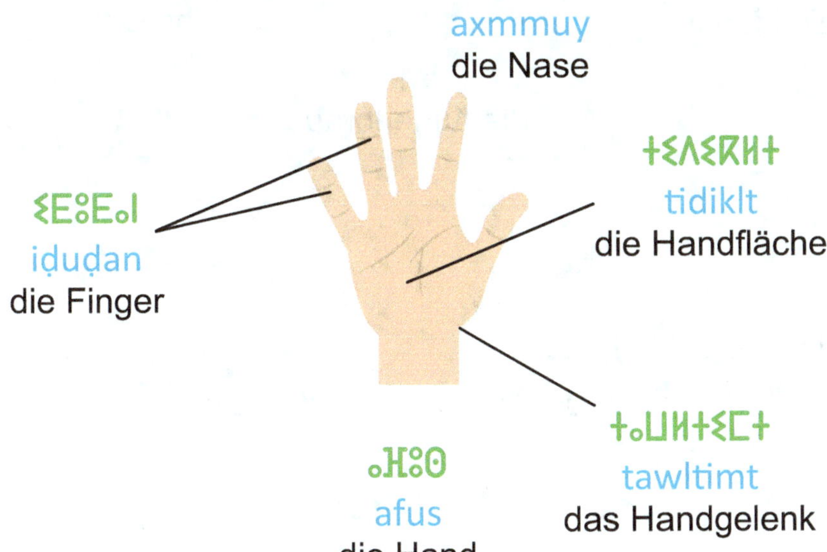

ⴰⵅⵎⵎⵓⵢ
axmmuy
die Nase

ⵉⴹⵓⴹⴰⵏ
iḍuḍan
die Finger

ⵜⵉⴷⵉⴽⵍⵜ
tidiklt
die Handfläche

ⵜⴰⵡⵍⵜⵉⵎⵜ
tawltimt
das Handgelenk

ⴰⴼⵓⵙ
afus
die Hand

7

ⴻⵎⵉ
imi
der Mund

ⵉⵍⵙ
ils
die Zunge

tuɣmas,
tiɣmas
die Zähne

ancucn
die Lippen

amzzuɣ
das Ohr

timiwa
die Augenbrauen

irgl, argl
das Augenlid

abliwn
die Wimpern

tiṭṭawin, alln
die Augen

tiṭṭ
das Auge

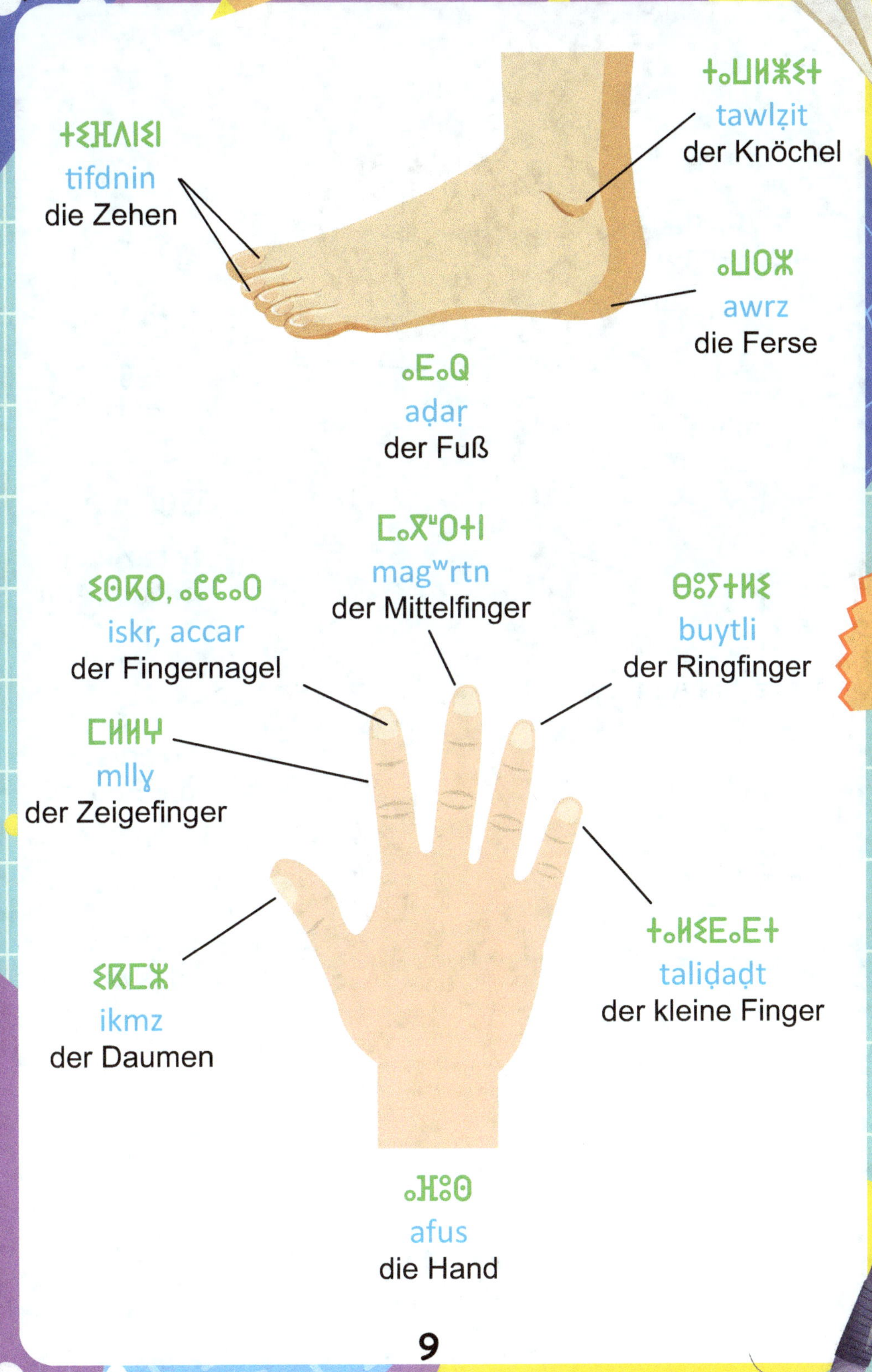

ⵜⵉⴼⴷⵏⵉⵏ
tifdnin
die Zehen

ⵜⴰⵡⵍⵥⵉⵜ
tawlẓit
der Knöchel

ⴰⵡⵔⵣ
awrz
die Ferse

ⴰḍⴰⵔ
aḍaṛ
der Fuß

ⵉⵙⴽⵔ, ⴰⵛⵛⴰⵔ
iskr, accar
der Fingernagel

ⵎⴰⴳⵯⵔⵜⵏ
magʷrtn
der Mittelfinger

ⴱⵓⵢⵜⵍⵉ
buytli
der Ringfinger

ⵎⵍⵍⵖ
mllɣ
der Zeigefinger

ⵜⴰⵍⵉḍⴰḍⵜ
taliḍaḍt
der kleine Finger

ⵉⴽⵎⵣ
ikmz
der Daumen

ⴰⴼⵓⵙ
afus
die Hand

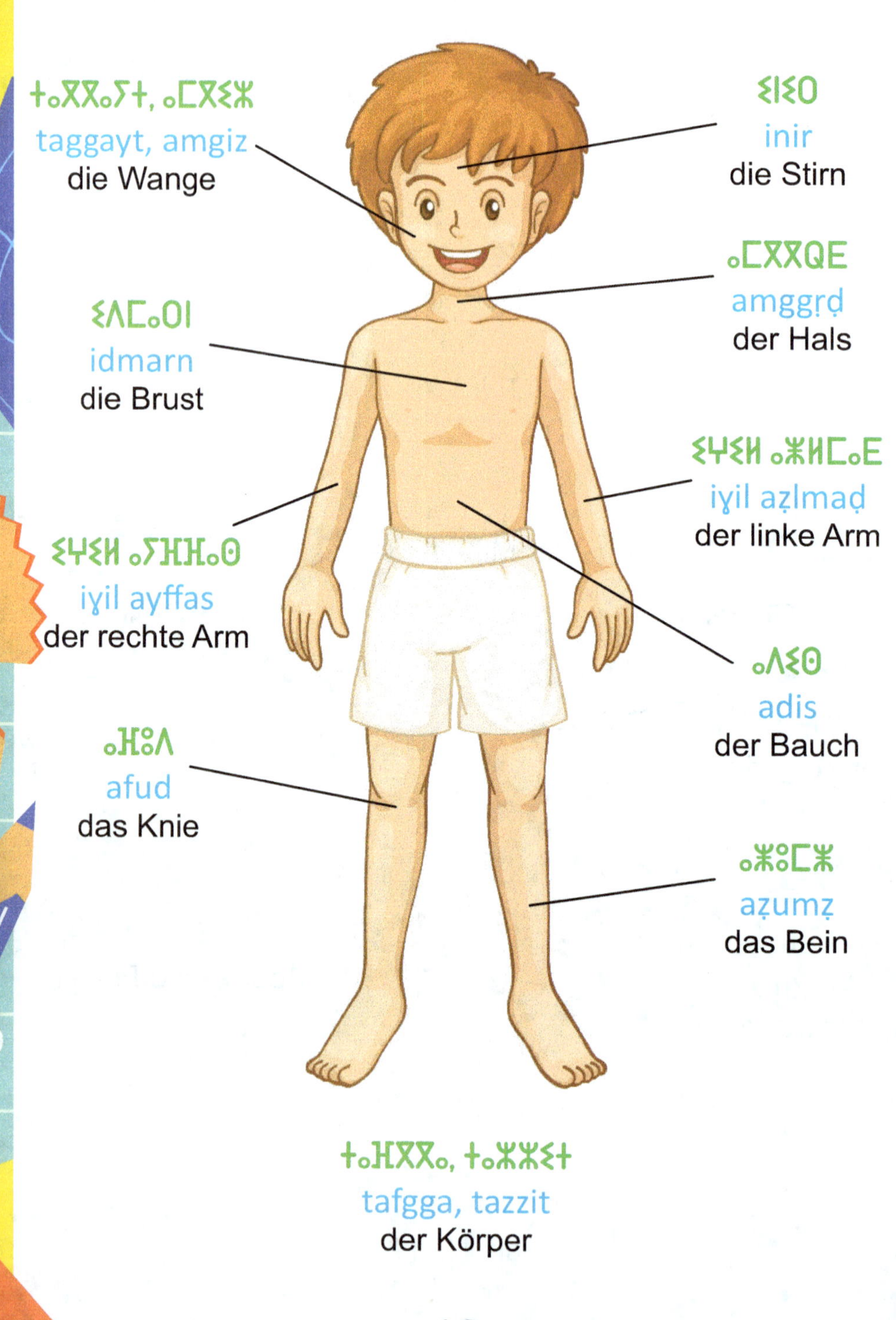ⵜⴰⴳⴳⴰⵢⵜ, ⴰⵎⴳⵉⵣ
taggayt, amgiz
die Wange

ⵉⵏⵉⵔ
inir
die Stirn

ⴰⵎⴳⴳⵔⴹ
amggṛḍ
der Hals

ⵉⴷⵎⴰⵔⵏ
idmarn
die Brust

ⵉⵢⵉⵍ ⴰⵣⵍⵎⴰⴹ
iɣil aẓlmaḍ
der linke Arm

ⵉⵢⵉⵍ ⴰⵢⴼⴼⴰⵙ
iɣil ayffas
der rechte Arm

ⴰⴷⵉⵙ
adis
der Bauch

ⴰⴼⵓⴷ
afud
das Knie

ⴰⵣⵓⵎⵣ
aẓumẓ
das Bein

ⵜⴰⴼⴳⴳⴰ, ⵜⴰⵣⵣⵉⵜ
tafgga, tazzit
der Körper

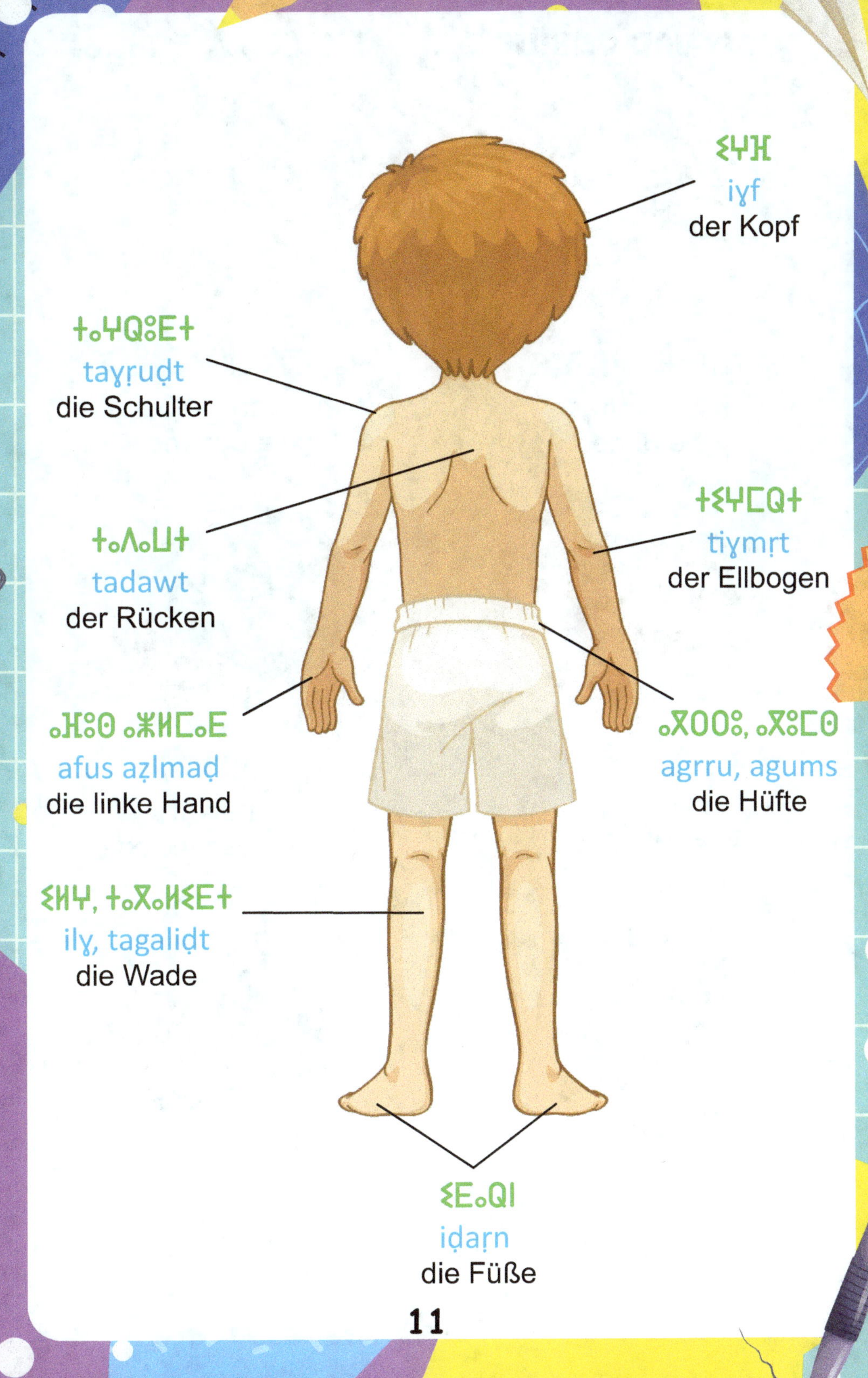

11

ⵝⵅⴳⵛⵛⵓ ⴲ ⵛⴳⵓⵔⵓⵍ

ⵜⴻⵀⴻⵔⵜ, ⵜⴰⴼⴻⵔⴰⵜ

tifirst, tafirast

die Birne

ⵜⴰⵢⴳⴰⵣⵣⴰⵏⵜ, ⵜⴰⴲⴰⵏⴰⵏⵜ

tayraggant, tabanant

die Banane

ⵜⴰⵎⵎⴰⵣⵜ

tammazt

der Pfirsich

ⵜⴰⴷⵍⵍⴰⵃⵜ

tadllaḥt

die Wassermelone

ⵓⴴⵉⵍ

aḍil

die Trauben

ⵜⴰⵣⴰⵔⵜ

tazart

die Feige

ⵜⴰⴷⴼⴼⵓⵢⵜ
tadffuyt
der Apfel

ⵜⴰⵍⵜⵛⵉⵏⵜ
taltcint
die Orange

ⵜⵉⵣⵡⵍⵜ
tizwlt
die Erdbeere

ⴰⵏⴰⵏⴰⵚ
ananaṣ
die Ananas

ⵜⵉⵢⵏⵉ
tiyni
die Dattel

ⵜⴰⵣⵎⵎⵓⵔⵜ,
ⵜⴰⵇⵇⴰⵢⵜ ⵏ ⵓⵣⵎⵎⵓⵔ
tazmmurt,
taqqayt n uzmmur
die Olive

ⵜⴰⵙⵎⵎⴰⵎⵜ
tasmmamt
die Zitrone

ⵜⴰⵕⵎⵎⴰⵏⵜ, ⵜⴰⴱⴱⵓⵃⵓⵜ
taṛmmant, tabbuḥut
der Granatapfel

ⵜⴰⵍⵍⵓⵢⴷⴰ, ⴱⴰⵟⴰⵟⴰ
talluyda, baṭaṭa
die Kartoffel

ⵜⴰⵎⴰⵟⵉⵛⵜ
tamaṭict
die Tomate

ⵜⴰⵅⵉⵣⵣⵓⵜ
taxizzut
die Karotte

ⴰⵥⴰⵍⵉⵎ
aẓalim
die Zwiebel

ⵓⴰⵡⵓⵓⵃ, ⵓⵎⵓⵙⵛ ⵉ ⵍⵓⵛⵛⵉ

agʷrsl, aɣrum n wuccn

der Pilz

ⵜⵓⵎⵓⵓⵙⵜ, ⵜⵓⵅⵓⵓⵙⵜ

taysayt, taxsayt

der Kürbis

ⵜⵉⵙⴽⵔⵜ

tiskrt

der Knoblauch

ⵉⴼⵉⴼⵍ

ififl

die Paprika

ⵉⴽⵉⴽⴸ

ikikd

die Mandeln

ⵜⵓⴷⴷⵓⵊⵜ

taddujt

die Walnuss

ⵄⴾⵓⴾⵉⵉⵓⵚ, ⴰⵇⵓⵍⵉⵙ

akrknnay, aqulis

der Blumenkohl

ⵜⵉⵏⵉⴼⵉⵏ

tinifin

die Erbsen

ⴰⴳⴰⵏ, ⴰⵢⵙⵙⵉⵎ

agan, aɣssim

die Gurke

ⵜⴰⵙⵏⴳⴰⵔⵜ, ⵜⴰⴽⵯⴱⴰⵍⵜ,
ⵜⴰⵣⵓⵎⴱⵉⵜ

tasngart, takʷbalt, tazumbit

der Maiskolben

ⴰⴱⵔⵣⵎⵎⵓ

abrzmmu

der Kohl

ⵜⴰⵢⵙⴰⵢⵜ ⵜⴰⵣⴳⵣⴰⵡⵜ

taysayt tazgzawt

die Zucchini

DAS ESSEN

ⴰⴽⵯⴼⴰⵢ

akʷfay

die Milch

ⴻⵔⵔⴻⵃ

ikkil

der Joghurt

ⴰⵡⵡⵔⵏ, ⴰⴳⴳⵯⵔⵏ, ⴰⵔⵏ

awwrn, aggʷrn, arn

das Mehl

ⵜⴰⴼⵏⵓⵙⵜ, ⵛⵍⴰⴹⴰ

tafnust, claḍa

der Salat

ⵜⴰⴳⵍⴰⵢⵜ

taglayt

das Ei

ⴰⵢⵔⵓⵎ

aɣrum

das Brot

ⴰⵛⵎⵓⵥ

amswi

das Getränk

ⵜⴻⵊⵎⵉ

tiẓmi

der Saft

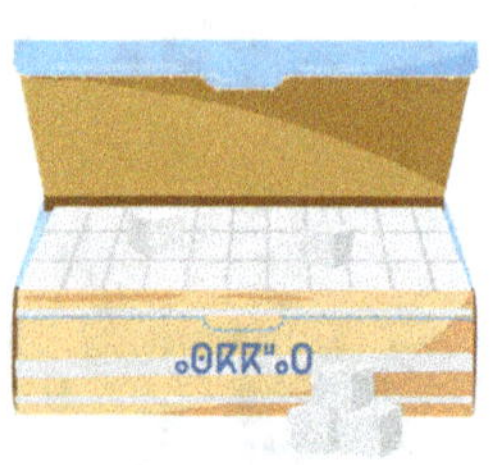

ⴰⵙⴽⴽⵯⴰⵔ

askkʷar

der Zucker

ⴰⵣⴰⵜⵉⵎ ⵏ ⵓⵣⵎⵎⵓⵔ

azatim n uzmmur

das Olivenöl

ⵜⵉⵙⵏⵜ

tisnt

das Salz

ⵍⴻⴱⵊⵥⴰⵇ

libẓaṛ

der schwarze Pfeffer

timiẓiḍt

das Bonbon

abiskwi

der Keks

tamimt, tammemt, tammnt

der Honig

amayus

die Marmelade

tiklilt

der Käse

tudit

die Butter

ⵜⴰⵎⴳⵔⵉⵙⵜ

tamgrist

das Eis

ⵜⴰⵍⵓⵙⵉ, ⵜⴰⴼⵔⴰⵔⵜ

talusi, tafrart

die Sahne

ⴰⴽⵙⵓⵎ

aksum

das Fleisch

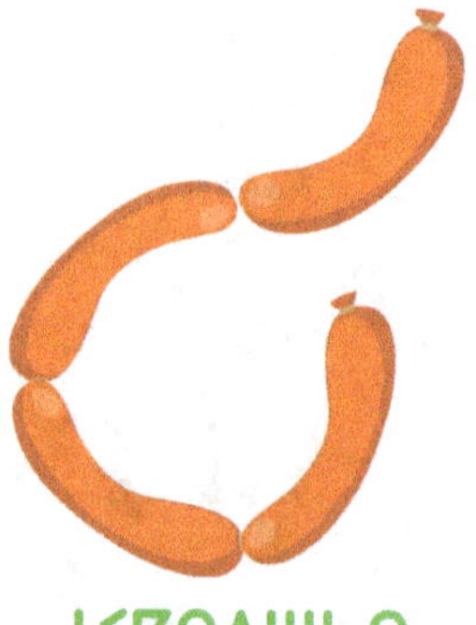

ⵜⵉⴽⵔⴷⵍⵍⴰⵙ

tikrdllas

die Würstchen

ⵜⵛ

tc

essen

ⵙⵓ

su

trinken

ⵜⴰⵚⴽⵓ

ⵜⴰⵔⴰⵥⴰⵍ

tarazal

die Kappe

ⵜⴰⵛⴰⵛⵜ

tacact

die Mütze

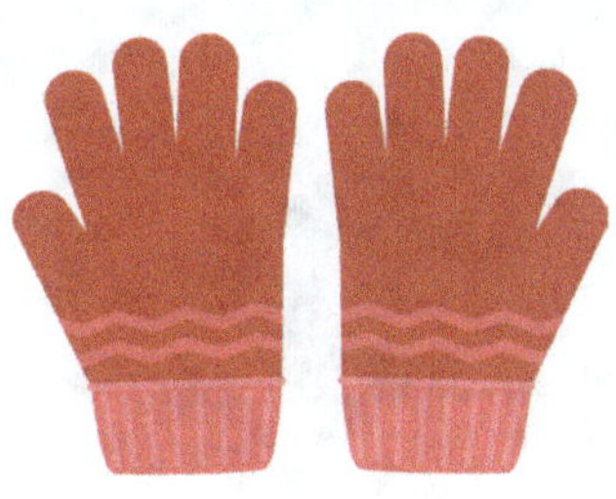

ⵉⵍⵎⴼⵓⵙⵏ

ilmfusn

die Handschuhe

ⵜⴰⵔⴰⵏⵥⴰⵕ

taranẓaṛ

der Regenschirm

ⵜⴰⵎⵙⵔⴰⴳⵜ

tamsragt

die Uhr

ⵜⵉⵙⵎⴰⵇⵇⴰⵍⵉⵏ

tismaqqalin

die Brille

ⵜⵓⴱⴾⴾⴰⵙⵜ

tabkkast

der Gürtel

ⵜⵉⵜⵇⴰⵛⵔⵉⵏ

titqacrin

die Socken

ⴰⵔⴾⵙⵏ, ⵉⴱⵓⵔⴾⵙⵏ

arksn, iburksn

die Schuhe

ⵉⴱⵓⵔⴾⵙⵏ ⵏ ⵜⵓⵏⵏⵓⵏⵜ

iburksn n tunnunt

die Turnschuhe

ⵉⴱⵓⵣⴰⴳⵏ

ibuzagn

die Gummistiefel

ⵜⵉⵙⵉⵍⴰ

tisila

die Sandalen

ⵣⴰⵡⵓⵍ

adlaw

der Pullover

ⵜⵣⵔⵓⵜ

tikbrt

die Jacke

ⴰⵓⵉⴽⵉ

ariki

das T-Shirt

ⵜⴰⵣⴼⴼⴰⵜ

tadffast

das Hemd

ⴰⴽⵔⴱⴰⵢ

akrbay

die Hose

ⵉⴳⴳⵉⵍ

iggil

die Shorts

ⵜⴰⵚⴰⴼⴰ

tasafa

der Rock

ⴰⵔⴰⵎⴰⵏ

araman

der Regenmantel

ⵜⴰⴱⴰⵏⴷⴰ, ⵜⴰⴱⴰⵏⴽⴰ

tabanda, tabanka

die Schürze

ⵉⴽⵓⵏⴱⵓ, ⵎⵙⵙⵓⵜⵍ ⵉⵔⵉ

ikunbu, mssutl iri

der Schal

ⵜⵉⵎⵍⵙⵉⵜ ⵏ ⵓⵛⵓⵛⴼ

timlsit n ucucf

der Badeanzug

ⵜⵉⵎⵍⵙⵉⵜ ⵏ ⵢⵉⴹⵙ

timlsit n yiḍṣ

der Schlafanzug

ⵜⴰⵛⵉⴰⵍⵜ

taylalt

das Flugzeug

ⴰⵖⵔⵔⴰⴱⵓ

aɣrrabu

das Boot

ⵜⵉⵀⵉⵔⵉⵜ

tihirit

das Auto

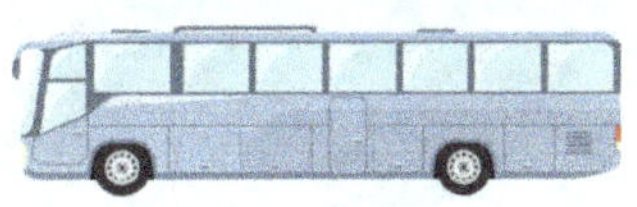

ⴰⵏⵙⵎⴰⴷⴷⵓ

ansmaddu

der Bus

ⴰⵍⴰⵡⴰⵢ

alaway

der Zug

ⴰⵎⴽⴽⴰⵍⵓ

amkkalu

der Lastwagen

ⵙⴽⵓⵜⵔ

skutr

der Roller

ⵜⴰⵙⵏⴰⵙⵢⴰⵍⵜ

tasnasyalt

das Motorrad

ⴰⵣⵍⴰⵍⴰⵎ

azlalam

das Fahrrad

ⴰⵎⵣⵣⵓⵢⵔ

amzzuyr

der Traktor

ⵜⴰⵏⴼⵍⵓⴽⵜ

tanflukt

das Ruderboot

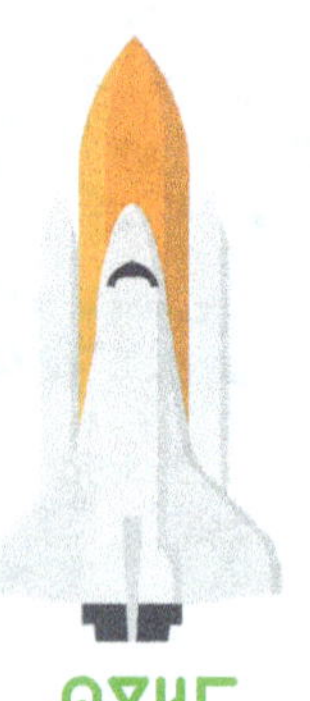

ⴰⵙⴳⵍⵎ

asglm

die Rakete

DAS ZUHAUSE

ⵅ ⵜⵓⵍⵍⵓⵜ

ⵜⵓⵍⵍⵓⵜ, ⵜⴻⵅⵛⵛⴻ

taddart, tigmmi

das Haus

ⵜⴻⴼⵍⵓⵜ, ⵜⵓⵓⵓⵔⵜ

tiflut, tawwurt

die Tür

ⵓⵟⵉⵜⵍ

asntl

der Vorhang

ⵓⵛⵇⵊⵎ

acṛjm

das Fenster

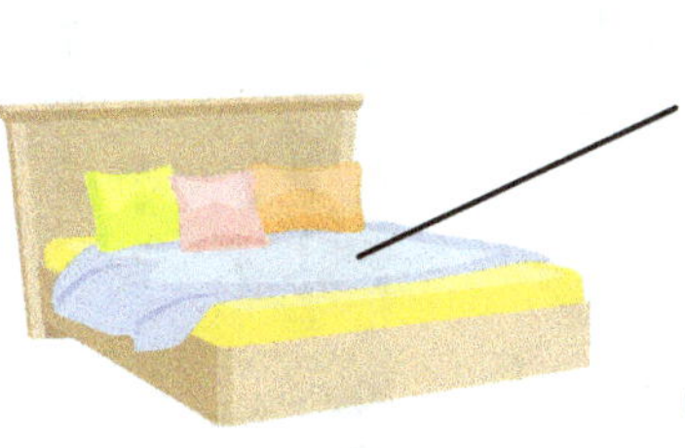

ⵜⵓⵍⵓⵓⴻ,
ⵓⵢⵓⵛⵓⵙ

taduli,

aɣamus

die Decke

ⵜⴻⵙⴻ, ⵜⵓⵙⵢⵓⵜ

tisi, tasyut

das Bett

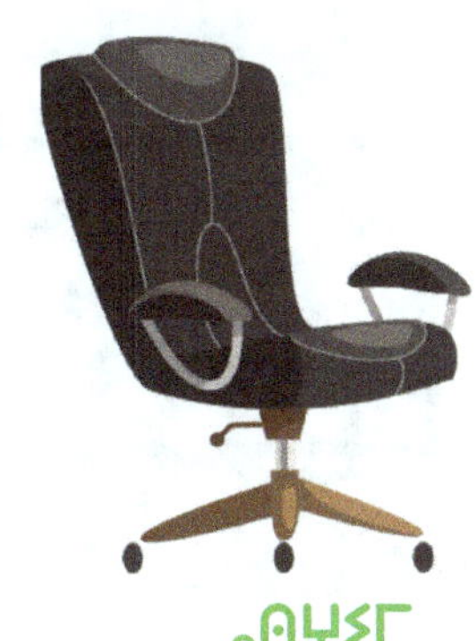

ⵓⵢⵢⴻⵎ

asɣim

der Stuhl

ⵄⵜⵜⴰⵖ

attag

die Couch

ⵜⵄⵜⵜⴰⵖⵜ, ⵜⴰⵙⵓⵎⵜ

tattagt, tasumt

das Kissen

ⵜⴰⴸⴰⴱⵓⵜ

tadabut

der Tisch

ⴰⴼⵏⵉⵇ

afniq

der Schrank

ⵜⵉⵍⵉⴼⵉⵣⵢⵓⵏ, ⴰⵜⵉⵍⵉⵥⵔⵉ

tilifizyun, atiliẓri

der Fernseher

ⵜⴰⵙⵏⴱⴹⵜ

tasnbḍt

die Fernbedienung

ⵜⵙⴰⵔⵓⵜ

tasarut

der Schlüssel

ⵜⵙⴼⵓⵜ

tasafut

die Glühbirne

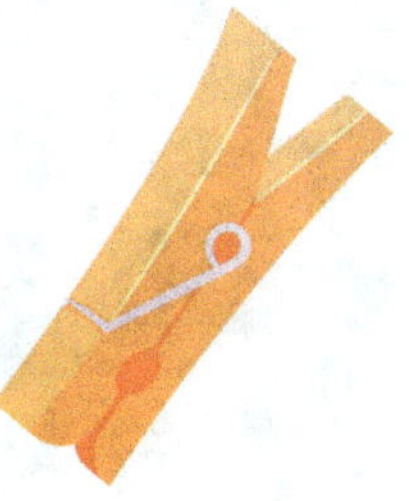

ⵜⴰⵏⵜⵜⴰⴼⵜ

tanṭṭaft

die Wäscheklammer

ⴰⵏⴱⵔⴰⵢ

anbray

die Säge

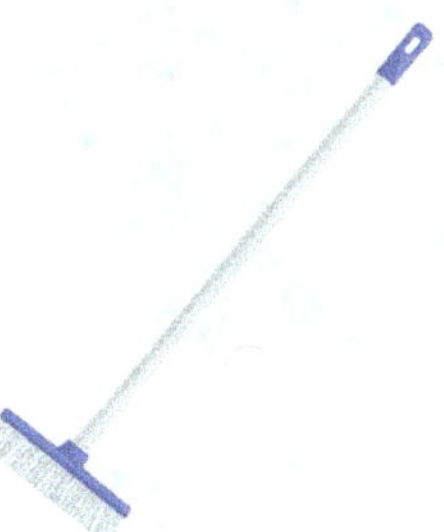

ⵜⵙⴼⵔⴹⵜ

tasfṛḍt

der Besen

ⵜⵙⴽⴰⵍⴰ

taskala

die Leiter

afḍiṣ

der Vorschlaghammer

taṣmmaṛt

der Hammer

izikr

das Seil

abrnin

der Schraubenzieher

taglut

die Schaufel

asafar

das Medikament

ⵜⵓⵢⵏⵙⵜ

taynst

die Steckdose

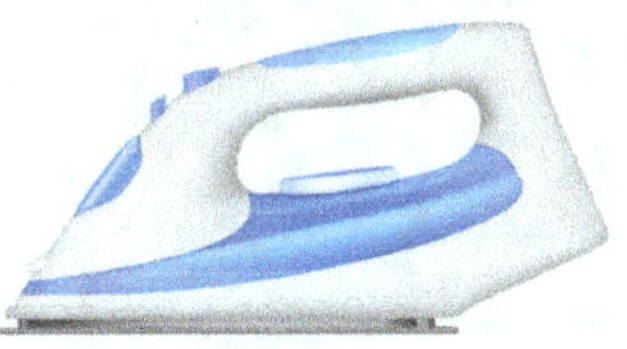

ⴰⵙⵏⴷⵍ

asndl

das Bügeleisen

ⴰⴳⴰ

aga

der Eimer

ⵜⵓⵙⵏⴼⵔⵜ

tasnfrt

der Wasserhahn

ⵉⵏⴼⵍⵣ

inflz

der Nagel

ⵜⴰⴽⴹⵉⴼⵜ

takḍift

der Teppich

DIE KÜCHE

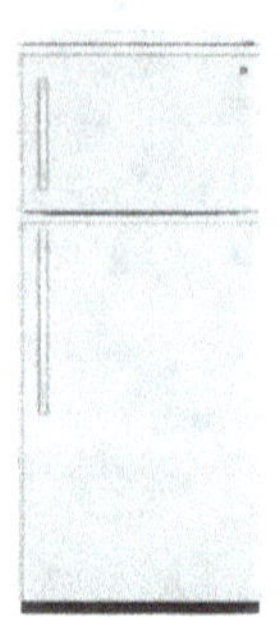

ⵜⴰⵎⵙⵙⵉⵙⵎⵉⴹⵜ

tamssiṣmiḍt

der Kühlschrank

ⵜⴰⴼⵍⵍⵓⵏⵜ

tafllunt

die Pfanne

ⵜⴰⵢⵏⵊⴰⵡⵜ, ⵜⴰⵢⵏⵊⴰⵢⵜ

taynjawt, taynjayt

der Löffel

ⵜⴰⵣⵣⵔⵜ

tazzrt

die Gabel

ⵜⵓⵣⵣⴰⵍⵜ

tuzzalt

das Messer

ⴰⴽⴰⵙ

akas

das Glas

ⵜⴻⵛⵔⴻⵀⵜ, ⵜₒⵊⵀₒⵃⵜ, ⵜₒⵝⵓₒⵇⵜ

timkilt, tazlaft, taḥwaṛt

die Schüssel

ⵜₒⴻⴻⴻⵀⴻⵜ

taṭbṣilt

der Teller

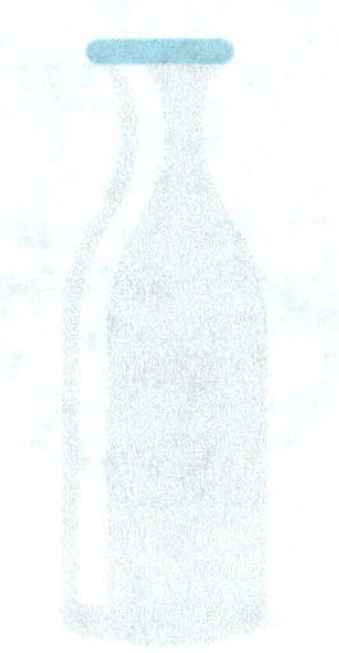

ⵜₒⴿⵣⴻⵉⵜ

tacbrit

die Flasche

ⵜₒⵊⵚⵚₒⵃⵜ

tazyyaft

das Geschirrtuch

ⵜₒⵣⵜₒⵚⵜ

tastayt

das Sieb

ⵜₒⵃₒⵓₒⵣⵜ, ⴻⵉⵣⵍ

tafarast, infd

das Feuerzeug

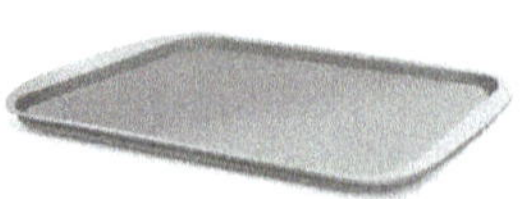

ⵜⴰⵥⵓⴹⴰ
taẓuḍa
das Tablett

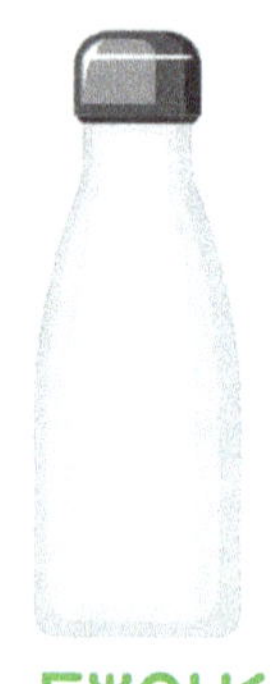

ⴰⵎⵣⵔⵢⵉ
amẓryi
die Thermoskanne

ⵜⴰⵙⴼⵍⵓⴼⵍⵜ, ⴰⵎⵇⵔⴰⵊ
tasfluflt, amqraj
der Wasserkocher

ⵜⵉⵎⵙⵏⵡⵉⵜ
timsnwit
der Gasherd

ⴰⴼⴰⵔⵏⵓ
afarnu
der Ofen

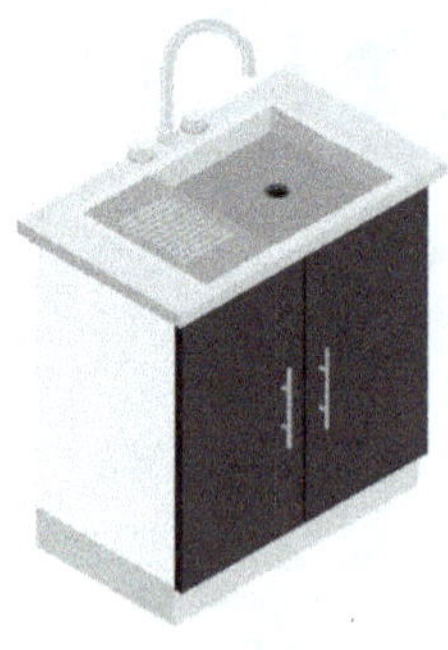

ⴰⵙⴰⵔⵉⴷ ⵏ ⵉⴼⵛⴽⴰⵏ
asarid n ifckan
das Spülbecken

DAS BADEZIMMER

ⵜⴰⵎⵥⵥⵡⵓⵜ

tamzzwut

das Handtuch

ⵜⵉⵙⵉⵜ

tisit

der Spiegel

ⴰⵙⴰⵙⵜⵍ

asastl

die Waage

ⵜⴰⵙⴽⵕⴹⵜ

taskṛḍt

die Haarbürste

ⴰⵔⴽⵜⵉ ⵏ ⵜⵢⵎⴰⵙ

arkti n tymas

die Zahnpasta

ⵜⴰⵎⵔⵔⴰⵢⵜ ⵏ ⵜⵢⵎⴰⵙ

tamrrayt n tymas

die Zahnbürste

ⵉⵖⵉⵖⵛ

iɣiɣc

das Shampoo

ⵉⵍⵢⴰⵏ

ilyan

die Seife

ⴰⵙⴰⵏⴼⵙ

asanfs

die Dusche

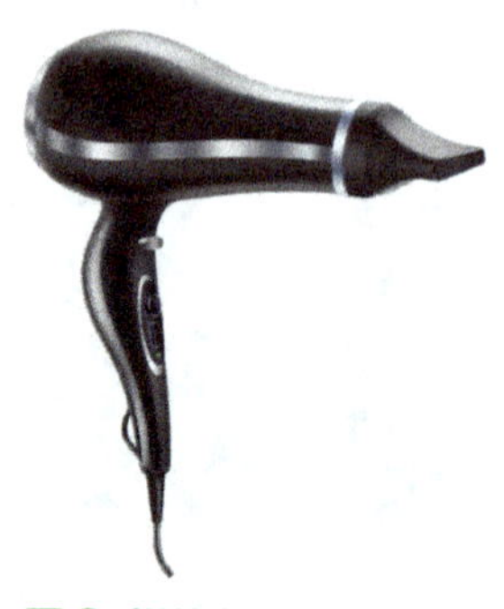

ⴰⵎⵙⵉⵥⵢ ⵏ ⵡⴰⵥⵥⴰⵔ

amsizɣ n wazzar

der Föhn

ⴰⵙⴰⵔⵉⴷ

asarid

das Waschbecken

ⴰⵊⵎⵉⵔ

ajmir

die Toilette

DIE SCHULE

ϯƐIƆИ

tinml

die Schule

₀ΘИƆₒΛ

aslmad

der Lehrer

ϯₒIИƆₒΛϯ

tanlmadt

die Schülerin

ϯₒΛₒИₒ

tadala

das Klassenzimmer

ϯₒΘИƆₒΛϯ

taslmadt

die Lehrerin

₀IƐƆₒΛ

anlmad

der Schüler

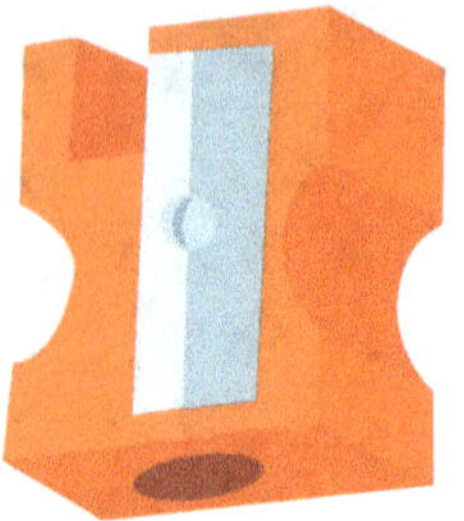

ⵜⵓⵙⵚⵚⵓⵎⵜ
tasrramt
der Anspitzer

ⵓⵅⵎⵉⵔⵙ
angmirs
die Kreide

ⵜⴰⴼⵍⵡⵉⵜ
taflwit
die Tafel

ⵜⴰⴷⴰⴱⵓⵜ
tadabut
der Schreibtisch

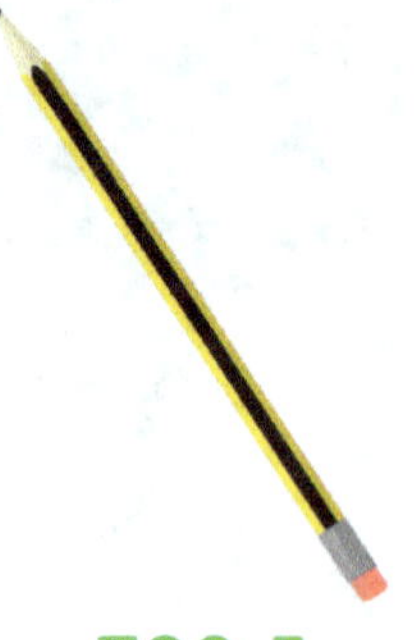

ⵓⴽⵕⵕⴰⵊ
akṛṛaj
der Bleistift

ⵉⴽⵕⵕⴰⵊⵏ ⵏ ⵉⴽⵯⵍⴰⵏ
ikṛṛajn n ikʷlan
die Buntstifte

ⵜⵓⵢⵍⴰ
tayda
das Lineal

ⴰⵙⵢⵎ
asym
der Pinsel

ⵜⵙⴼⴼⴰⴹⵜ
tasffaḍt
der Radiergummi

ⵜⴰⵏⴰⴽⴰⵜ
tanakat
das Federmäppchen

ⴰⵍⵓⴳ
alug
das Notizbuch

ⴰⴷⵍⵉⵙ
adlis
das Buch

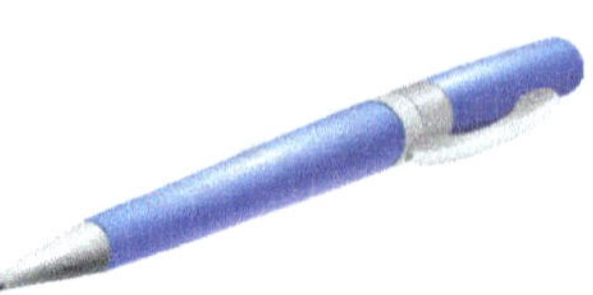

ⵄⵢⵏⵉⴱ

ayanib

der Stift

ⵜⴳⵔⴰⵇⵜ

tackaṛt

der Rucksack

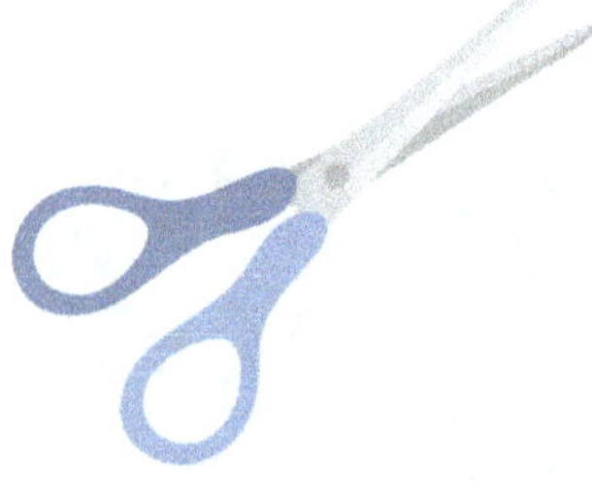

ⵜⵓⵥⵥⵍⵉⵏ, ⵜⵉⵎⴽⵔⴰⴸ

tuzzlin, timkṛaḍ

die Schere

ⵜⵎⵙⵙⵉⴳⵣⵜ

tamssigzt

der Drucker

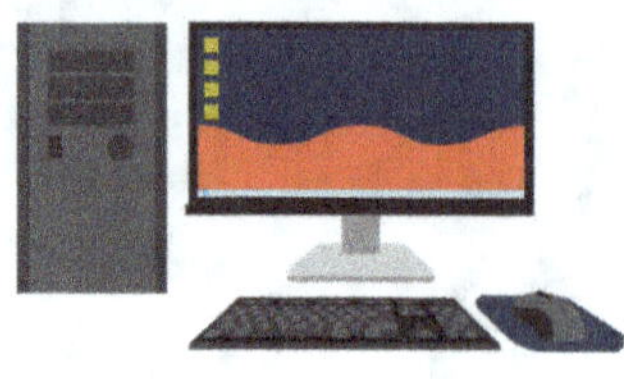

ⴰⵎⵙⵙⵓⴷⵙ

amssuds

der Computer

ⴰⵎⵙⵙⵓⴷⵙ ⵏ ⵓⴼⵓⵙ

amssuds n ufus

der Laptop

ⵎⵙⵎⵓⵏ ⴰⵡⴰⵍ, ⴰⵎⴰⵡⴰⵍ

msmun awal, amawal

das Wörterbuch

ⵜⴰⵎⵙⵙⵉⴹⵏⵜ

tamssidnt

der Taschenrechner

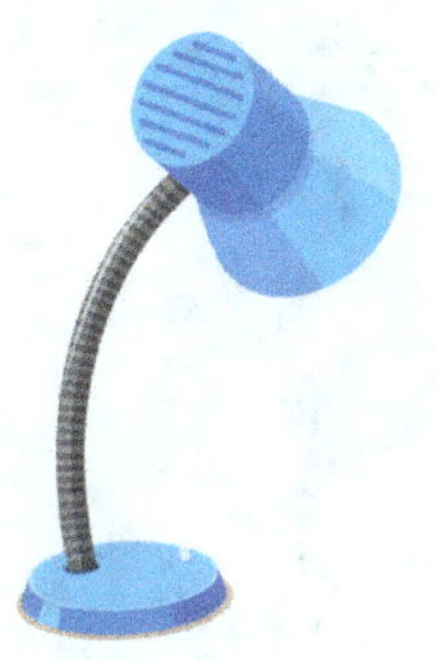

ⴰⵙⴼⵉⵡ, ⵜⴰⵏⵉⵔⵜ

asfiw, tanirt

die Lampe

ⴰⵙⵍⵖⴰⵖ

aslɣaɣ

der Kleber

ⴰⵎⵉⴽⵔⵓⵙⴽⵓⴱ

amikruskub

das Mikroskop

ⴰⵜⵉⵍⵉⵙⴽⵓⴱ

atiliskub

das Teleskop

DIE TIERE

ⵉⴽⵓ

aku

der Papagei

ⴼⴽⵔⵓ

ifkr

die Schildkröte

ⵉⴳⴷⵉ،ⴰⵢⴷⵉ

igdi,aydi

der Hund

ⴰⵎⵓⵛⵛ

amucc

die Katze

ⴰⴳⵯⵏⵉⵏ، ⴰⵇⵏⵉⵏ

agʷnin, aqnin

das Kaninchen

ⵜⴰⵖⵓⴷⴰⵢⵜ

taɣrdayt

die Maus

tafullust, tayaẓiḍt

das Huhn

ayaẓiḍ

der Hahn

acicaw

das Küken

atbir

die Taube

tayaẓiḍt n waman

die Ente

ayyis

das Pferd

ⵜⴰⴼⵓⵏⴰⵙⵜ

tafunast

die Kuh

ⴰⵣⴳⵔ

azgr

der Stier

ⵉⵣⵉⵎⵎⵔ

izimmr

das Schaf

ⴰⵖⵢⵓⵍ

aɣyul

der Esel

ⵜⴰⵖⵢⴰⴹⵜ

tayyaḍt

die Ziege

ⴰⵍⴰⴷⴰⵢ, ⴰⴱⵓⵍⵅⵉⵔ

aladay, abulxir

das Schwein

ayucaf
das Krokodil

ifiyr
die Schlange

agru
der Frosch

tiqlit
die Eidechse

aylal
die Schnecke

tata
das Chamäleon

ⵄⴻⵛⴻ, ⵄⵎⴻⵀ

agḍiḍ, aylal

der Vogel

ⵄⵀⴻⴰ

asid

der Strauß

ⵜⵄⵓⴰⵔⵜ

tawukt

die Eule

ⴻⵄⴻⴰⵉ

igidr

der Adler

ⴰⵀⵀⵄⵉ, ⵜⵄⴰⵔⵄⵜ,ⵄⵓⵓⵄ

bllarj, tadkut,aswu

der Storch

ⵄⵀⵀⵀⵄ, ⵄⴻⵄⵜⵃ, ⵄⵀⵄⵀⵄ

alullam, amsty, afalku

der Falke

aksil

der Tiger

abaɣuɣ

der Fuchs

uccn

der Schakal

asɣda

der Wolf

amayas

der Leopard

izm

der Löwe

ⵜⵢⵙⴻⵓ

buyisk

das Nashorn

ⵉⵉⵓⵉ

insi

der Igel

ⴰⵜⵝⴻⵥ, ⴰⵜⵝⴻⵥ

abubbaz, abubbaẓ

der Bär

ⵉⵌⵉⴻ

ifis

die Hyäne

ⴰⵍⵢⵎ, ⴰⵔⴰⵎ, ⴰⵔⵉⵎ

alym, aṛam, aṛem

das Dromedar

ⴰⵝⵓⵉⴻ, ⵉⴻⵓⵉ

abayus, ibki

der Affe

tamlalt, taẓnkʷḍt

die Gazelle

azyar

der Hirsch

ilw

der Elefant

amdɣ

die Giraffe

awtul

der Hase

ilf, amunziz

das Wildschwein

aslm

der Fisch

awqqas

der Hai

tizmkt

der Wal

azayz

der Oktopus

azyam

der Delphin

tanunt, tazlmt

der Aal

ⵄⴽʷⵇⵥⵎⵉⵡ

akʷṛẓmiw

die Krabbe

ⴰⵣⴼⴼⴰⵏ, ⴰⵙⴼⴼⴰⵏ, ⴰⵜⵎⴰⵏ

azffan, asffan, atman

der Hummer

ⴰⵇⴰⵢⵎⵔⵓⵏ

aqaymrun

die Garnele

ⴰⵢⵉⵙⵉⵍ, ⴰⵢⵢⵉⵙ ⵏ ⵢⵉⵍⵍ

ayisil, ayyis n yill

das Seepferdchen

ⵉⵙⵉⴼⵔ

isifr

der Seehund

ⴰⵣⴰⵎⵓⵔ, ⴰⵣⵣⵎⵓⵔ

azamur, azzmur

das Nilpferd

ⵜⵓⵥⵉⵥⵡⵉⵜ, ⵜⵉⵥⵉⵥⵡⵉⵜ

tazizwit, tizizwit

die Biene

ⵜⵓⴽⵓⵏⴷⴰ

takunda

der Marienkäfer

ⵜⴰⵃⵍⵉⵊⵓⵜ, ⴰⴼⵔⵜⵟⵟⵓ

taḥlijut, afṛteṭṭu

der Schmetterling

ⴰⵡⵟⵟⵓⴼ

awṭṭuf

die Ameise

ⴰⴱⵉⴱⴰ

abiba

die Mücke

ⵉⵥⵉ

izi

die Fliege

ⵜⴰⴱⴰⵅⵅⴰ, ⵜⴰⴽⴽⴰⵍⵜ

tabaxxa, takkalt

die Spinne

ⴰⴳⵍⵍⵓ

aglellu

die Kakerlake

ⴰⵣⵔⵎ

azrm

der Wurm

ⵉⵢⵉⵔⴹⵎ

iyirḍm

der Skorpion

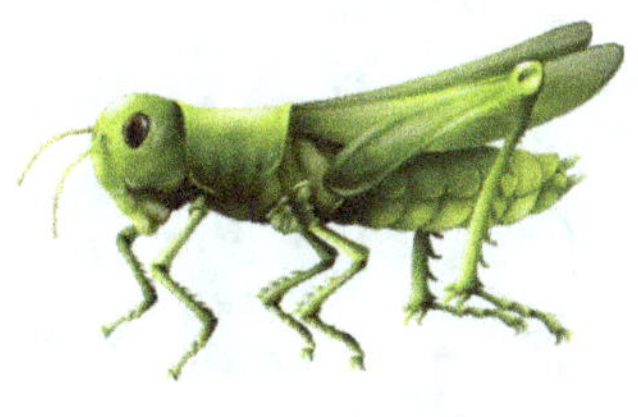

ⵜⴰⵎⵓⵔⵖⵉ

tamurɣi

die Heuschrecke

ⴰⵙⴰⵜⴰⴼ

asataf

die Gottesanbeterin

ⵜⵎⵏⴰⴹⵜ

ⵉⵥⴽⴽⵉ
az̧kka
das Gebäude

ⵜⴰⴷⴷⴰⵔⵜ, ⵜⵉⴳⵎⵎⵉ
taddart, tigmmi
das Haus

ⴰⴳⴰⴷⴰⵣ
agadaz
der Markt

ⵜⴰⵃⴰⵏⵓⵜ
taḥanut
der Lebensmittelgeschäft

ⵜⴰⵙⵉⵔⵎⵜ
tasirmt
das Restaurant

ⵜⴰⵙⵖⵔⴼⵜ
tasɣrft
die Bäckerei

ⵜⵉⵏⵎⵍ

tinml

die Schule

ⵜⴰⵙⴷⴰⵡⵉⵜ

tasdawit

die Universität

ⴰⵎⵣⴳⵓⵏ

amzgun

das Theater

ⵙⵙⵉⵏⵉⵎⴰ

ssinima

das Kino

ⵜⴰⵙⴰⵙⴼⵔⵜ

tasasfrt

die Apotheke

ⵜⴰⵙⴷⵍⵉⵙⵜ

tasdlist

die Bibliothek

tⵉⵎⵣⴳⵉⴷⴰ

timzgida

die Moschee

tⴰⵎⵥⵥⴰⵍⵓⵜ ⵏ ⵉⵕⵓⵎⵉⵢⵏ

tamzẓalut n iṛumiyn

die Kirche

ⴰⵙⴳⵏⴰⴼ

asgnaf

das Krankenhaus

ⴰⴳⵔⴱⵔⵉⴷ, ⴳⵔ ⵉⴱⵔⴷⴰⵏ

agrbrid, gr ibrdan

die Kreuzung

ⴰⴱⵔⵉⴷ, ⴰⵖⴰⵔⴰⵙ

abrid, aɣaras

die Straße

ⴰⴱⵔⵉⴷ ⵏ ⵡⵓⵣⵣⴰⵍ

abrid n wuzzal

die Eisenbahn

ⵓⵜⴻⵍⵍ ⵉ ⵓⵜⴻⵔⴽ

asidd n usikl

die Ampel

ⵓⵜⴻⵔⵓ ⵉ ⴻⵛⴻⵔⴻⵀⵉ

asaka n imikiln

der Fußgängerüberweg

ⴻⵣⵓⵇⴻⵉ

iqariḍn

das Geld

ⵓⵜⵓⵀⴻ

asali

der Bürgersteig

ⴻⵀⴻⵀⵉ ⵉ ⵜⵛⵓⵀⴻ

ifiln n tmuli

die Verkehrsschilder

ⵓⵛⵓⵓⴻⵀⴻ

amssili

der Aufzug

DIE NATUR

oⵔⵀⵙ, oⵍⵍoⵅ

asklu, addag

der Baum

tⵊoⵍt, tⵣⵊⵣⴻ

tagant, tizgi

der Wald

tⴻⵛⵢⴻt

timyit

die Pflanze

oⵉⵍⵍⴻⵅ

ajddig

die Blume

tⵙoⵏtⴻt

turtit

der Garten

tⴻoⵀⴻt ⵉ ⵙⵊⵥoⵇ

tislit n unẓaṛ

der Regenbogen

ⵜⴰⴼⵙⵓⵜ
tafsut
der Frühling

ⴰⵏⴱⴷⵓ
anbdu
der Sommer

ⵉⵎⵉⵔⵏ
imirn
die Jahreszeiten

ⵜⴰⴳⵔⵙⵜ
tagrst
der Winter

ⴰⵎⵡⴰⵏ
amwan
der Herbst

ⴰⵙⵉⴼ
asif
der Fluss

ⴰⴷⵔⴰⵔ
adrar
der Berg

ⵓⵛⵓⵎⵓⵍ

amaḍal

die Welt

ⵜⴰⴼⵓⵢⵜ, ⵜⴰⴼⵓⴽⵜ, ⵜⴰⴼⵓⵛⵜ

tafuyt, tafukt, tafuct

die Sonne

ⵜⴰⵣⵉⵔⵉ, ⵜⵉⵣⵉⵔⵉ

taziri, tiziri

der Vollmond

ⴰⵢⵢⵓⵔ

ayyur

der Mond

ⵉⵜⵔⴰⵏ

itran

die Sterne

anẓaṛ

der Regen

ⵢⵓⵙⵎ
usm
der Blitz

ⴰⴷⴼⵍ
adfl
der Schnee

ⵉⵙⵉⴳⵏⵓ
isignu
die Wolke

ⴰⵥⵔⵓ
aẓṛu
der Fels

ⵉⵍⵍ
ill
das Meer

ⵉⴳⵏⵏⴰ
ignna
der Himmel

ⵜⴰⵢⴰⵔⵜ ⵏ ⵢⵉⵍⵍ
taɣart n yill
der Strand

oⵛol
aman
das Wasser

oⵀo
afa
das Feuer

oⵔoⵀ
akal
der Boden

oⵕⵛⵛⴺⴻ
akccuḍ
das Holz

oⵝoⵗⵀ
agris
das Eis

oⵉⵀⵗⴻ
unfus
die Luft

ⵄⴳⵍⵎⴰⵎ, ⵄⵯⵍⵎⵉⵎ

aglmam, agʷlmim

der See

ⵄⵎⴰⵥⵥⵔ

amazzr

der Wasserfall

ⵜⴰⴳⵣⵉⵔⵜ

tagzirt

die Insel

ⵜⴰⴳⴳⵓⵜ, ⵉⵡⵉⵥ

taggut, iwiẓ

der Nebel

ⴰⵣⵡⵓ

azwu

der Wind

ⵜⵉⴼⴰⵡⵜ, ⴰⵙⵉⴷⴷ

tifawt, asidd

das Licht

ⴰⵙⵙ
ass
der Tag

ⵉⴹ
iḍ
die Nacht

ⴰⴳⴰⴼⴰⵢ
agafay
der Norden

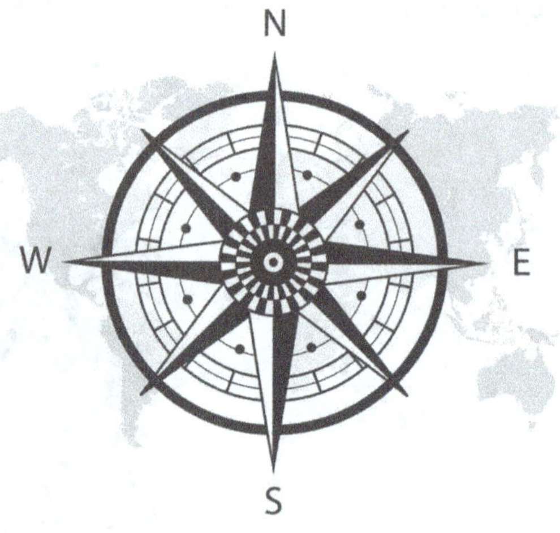

ⵜⴰⴳⵓⵜ
tagut
der Westen

ⴰⴳⵎⵎⵓⴹ
agmmuḍ
der Osten

ⵉⴼⴼⵓⵙ, ⴰⵏⵥⵓⵍ
iffus, anẓul
der Süden

ⵖⵓⵔ
ury
das Gold

ⵓⵣⵣⴰ
uzzal
das Eisen

ⴰⵥⵔⴼ, ⵍⵍⵇⵔⵜ
aẓṛf, nnqrt
das Silber

ⴰⵏⴰⵙ
anas
das Kupfer

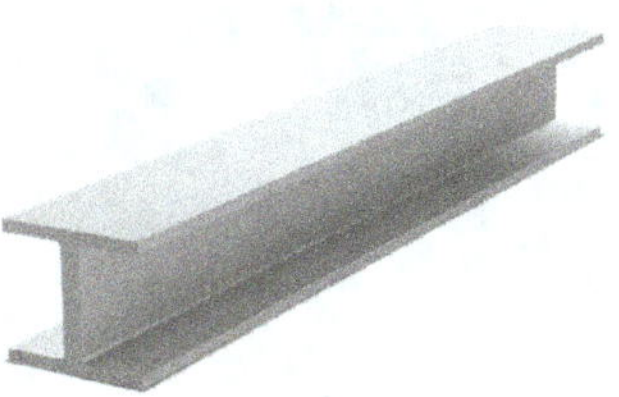

ⴰⵢⴰⵔ
ayar
der Stahl

ⴰⵥⴰⵔ, ⴱⵔⵓⵏⵣ
aẓaṛ, bṛunz
die Bronze

DIE BERUFE

ⴰⵎⵙⴷⴰⴳ

amsdag

der Architekt

ⴰⵎⵜⵡⴰⵍ, ⴰⵊⵏⵢⵓⵕ

amtwal, ajnyuṛ

der Ingenieur

ⴰⵎⵙⴳⵏⴰⴼ, ⵜⴰⵎⵙⴳⵏⴰⴼⵜ

amsgnaf, tamsgnaft

der Arzt, die Ärztin

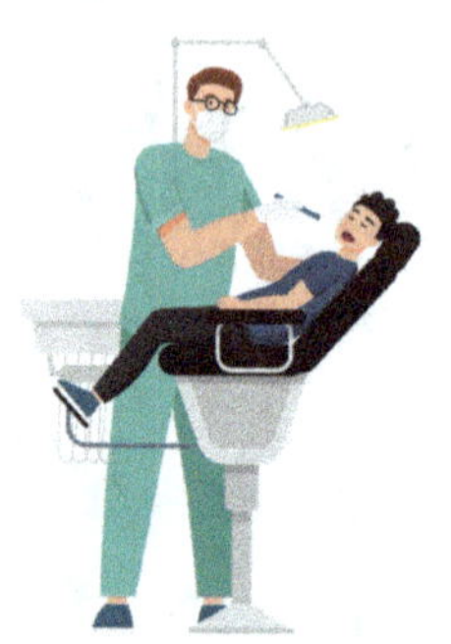

ⴰⵎⵙⴳⵏⴰⴼ ⵏ ⵜⵢⵎⴰⵙ

amsgnaf n tymas

der Zahnarzt

ⴰⵎⵙⴳⵏⴰⴼ ⵏ ⵉⵎⵓⴷⴰⵔ

amsgnaf n imudar

der Tierarzt

ⵜⴰⵙⵍⵎⴰⴷⵜ

taslmadt

die Lehrerin

ⵄⵛⵥⴻⵍ

amzil

der Schmied

ⵄⵍⵄⵥⵄⵇ

anaẓuṛ

der Künstler

ⵄⵏⵢⵄⵔⴻⴼ

anyraf

der Bäcker

ⵄⵖⵥⵥⴻⵔ

agzzar

der Metzger

ⵜⴰⵙⵎⵎⵙⴽⴰⵍⵜ

tasmmskalt

die Kassiererin

ⴰⵔⵇⵇⴰⵙ ⵏ ⵜⴱⵔⴰⵜⵉⵏ

arqqas n tbratin

der Briefträger

ⵄⵛⵉⵍⴰⵏ

amldun

der Klempner

ⵄⵛⵉⵍⴰⵂ

amndah

der Fahrer

ⵄⵃⵃⵓⴼ

aḥffaf

der Friseur

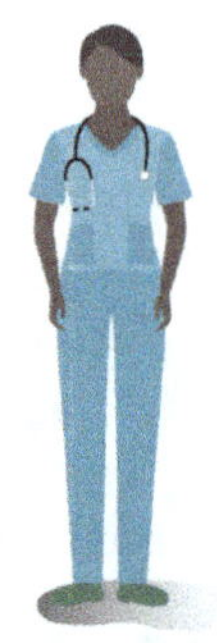

ⵜⵓⵏⵙⵎⴰⴳⴰⵍⵜ

tansmagalt

die Krankenschwester

ⵜⴰⴽⵓⵣⵉⵏⵉⵜ

takuzinit

die Küchenchefin

ⵄⵎⴽⵔⴰⵣ, ⴰⴼⵍⵍⴰⵃ

amkraz, afllaḥ

der Bauer

amssxsi

der Feuerwehrmann

abulis

der Polizeibeamte

amakal

der Soldat

tanymast

die Journalistin

amşkaw

der Maurer

amikani

der Mechaniker

ⵓⵍⵓⵓⵚⵏ

amssayl

der Pilot

ⵓⵟⵍⵏⵚⵏ

aswlaf

der Fotograf

ⵜⵓⵜⵓⴱⵉⵜ

tatrbit

die Kellnerin

ⴻⵛⴻⵉⴻ

iminḍ

der Handwerker

ⵓⵉⵥⵍⵓⵓ

angmar

der Fischer

ⵓⵉⵟⵓⵓⵍ

ansram

der Tischler

ⵏⵙⵙⵉⵅⴼ

anssixf

der Präsident

ⵏⵎⵃⴰⵍ

anmhal

der Direktor

ⵜⴰⵎⴰⵡⵙⴰⵙⵜ

tamawsast

die Ministerin

ⵜⴰⵎⵙⵇⴰⴷⵜ

tamsqadt

die Botschafterin

ⵏⵎⵙⵜⴰⵏ

amstan

der Anwalt

ⵜⴰⵏⴱⴹⵓⵜ

tanbḍut

die Richterin

ⵜⵓⵡⵊⵊⴰ, ⵜⴰⵛⴰⵎⵎⴰ

tawjja, tacamma

der Ball

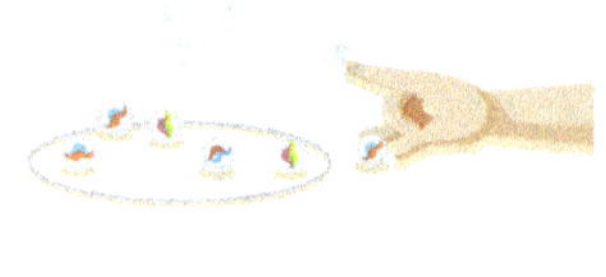

ⵜⵉⵖⵢⴰⵢⵉⵏ

tiɣyayin

die Murmeln

ⴰⵎⵙⵓⵛⵛⴹ

amsuccḍ

das Skateboard

ⴰⵙⵓⵛⴹ

asucḍ

das Eislaufen

ⵜⴰⵙⵓⵔⴰⵔⵜ ⵏ ⵜⴽⴰⵕⴹⴰ

tasurart n tkaṛḍa

das Kartenspiel

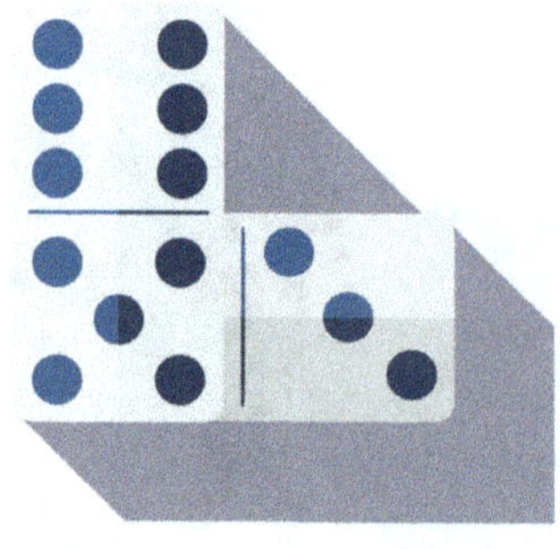

ⵜⴰⵙⵓⵔⴰⵔⵜ ⵏ ⵓⴽⵔⴱⴰⴱⴱⴰⵢ

tasurart n ukrbabbay

das Dominospiel

tawjja n uḍaṛ

der Fußball

tawjja n ufus

der Handball

tawjja n tratsa

der Volleyball

tawjja n tsknit

der Basketball

acucf, ucuf

das Schwimmen

tamsagart, tazzla

das Rennen

DIE ZAHLEN

ⵉⵎⴹⴰⵏ

ⴰⵎⵢⴰ

amya

null

ⵢⴰⵏ, ⵢⴰⵜ

yan, yat

eins (mask., fem.)

ⵙⵉⵏ, ⵙⵏⴰⵜ

sin, snat

zwei (m., f.)

ⴽⵕⴰⴹ, ⴽⵕⴰⴹⵜ

kṛaḍ, kṛaḍt

drei (m., f.)

ⴽⴽⵓⵥ, ⴽⴽⵓⵥⵜ

kkuẓ, kkuẓt

vier (m., f.)

ⵙⵎⵎⵓⵙ, ⵙⵎⵎⵓⵙⵜ

smmus, smmust

fünf (m., f.)

ⴶⴻⵛⴶ, ⴶⴻⵛⴰⵜ

șḍiș, șḍișt

sechs (m., f.)

ⵙⴰ, ⵙⴰⵜ

sa, sat

sieben (m., f.)

ⵜⴰⵎ, ⵜⴰⵎⵜ

tam, tamt

acht (m., f.)

ⵜⵥⴰ, ⵜⵥⴰⵜ

tẓa, tẓat

neun (m., f.)

ⵎⵔⴰⵡ, ⵎⵔⴰⵡⵜ

mraw, mrawt

zehn (m., f.)

ⵢⴰⵏ ⴸ ⵎⵔⴰⵡ, ⵢⴰⵜ ⴸ ⵎⵔⴰⵡⵜ

yan d mraw, yat d mrawt

elf (m., f.)

sin d mraw

zwölf

kṛaḍ d mraw

dreizehn

kkuẓ d mraw

vierzehn

smmus d mraw

fünfzehn

ṣḍiṣ d mraw

sechzehn

sa d mraw

siebzehn

ⵜⵎ ⴴ ⵎⵔⴰⵡ

tam d mraw

achtzehn

ⵜⵥⴰ ⴴ ⵎⵔⴰⵡ

tẓa d mraw

neunzehn

ⵙⵉⵎⵔⴰⵡ, ⴰⴳⵏⴰⵔ

simraw, agnar

zwanzig

ⵙⵉⵎⵔⴰⵡ ⴴ ⵢⴰⵏ

simraw d yan

einundzwanzig

ⵙⵉⵎⵔⴰⵡ ⴴ ⵙⵉⵏ

simraw d sin

zweiundzwanzig

ⴽⵕⴰⵎⵔⴰⵡ

kṛamraw

dreißig

kkuẓmraw

vierzig

smmusmraw

fünfzig

ṣḍiṣmraw

sechzig

samraw

siebzig

tammraw

achtzig

tẓamraw

neunzig

timiḍi
einhundert

timiḍi d mraw
einhundertzehn

snat tmaḍ
zweihundert

kṛaḍt tmaḍ
dreihundert

kkuẓt tmaḍ
vierhundert

smmust tmaḍ
fünfhundert

ⵜⴻⵚⵓⵜ ⵜⵎⴰⴹ

sḍiṣt tmaḍ

sechshundert

ⵚⵓⵜ ⵜⵎⴰⴹ

sat tmaḍ

siebenhundert

ⵜⴰⵎⵜ ⵜⵎⴰⴹ

tamt tmaḍ

achthundert

ⵜⵥⴰⵜ ⵜⵎⴰⴹ

tẓat tmaḍ

neunhundert

ⴻⴼⴹ

ifḍ

eintausend

ⵙⵉⵏ ⵢⵉⴼⴹⵏ

sin yifḍn

zweitausend

ⵜⴻⵛⵛⴼⵜ
ticcft
der Radius

ⴰⵥⴰⵢⵔ
aẓayṛ
der Kreis

ⴰⵎⵎⴰⵚ
ammas
der Mittelpunkt

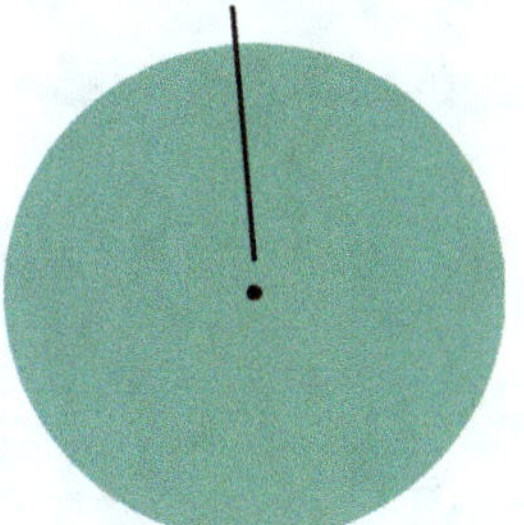

ⵜⴰⵇⴰⵔⵉⴹⵜ
taqariḍt
die Scheibe

ⵜⴻⵢⵎⵔⵜ
tiɣmṛt
der Winkel

ⴰⵎⴽⵔⴰⴺ
amkṛaḍ
das Dreieck

ⴰⵎⴽⴽⵓⵥ
amkkuẓ
das Quadrat

ⵓⵏⵥⵉⵢ
unziɣ
das Rechteck

ⴰⵎⵢⵔⵓⵏ
amyrun
der Rhombus

ⴰⵙⵏⵚⴰⴷⴰⵢ
asnsaday
das Trapez

ⴰⵎⴳⵍⴰⵍⴰⵢ
amglalay
das Oval

ⴰⵣⵔⵉⴳ
azrig
die Linie

DIE FARBEN

ⴰⵛⵎⵉ, ⴰⵥⵕⵡⴰⵍ, ⴰⵏⵉⵍⵉ

achmi, aẓṛwal, anili

blau

ⴰⵡⵔⴰⵖ

awraɣ

gelb

ⵓⵏⴳⴰⵍ, ⴰⵙⴳⴳⴰⵏ, ⴰⴱⵔⴽⴰⵏ

ungal, asggan, abrkan

schwarz

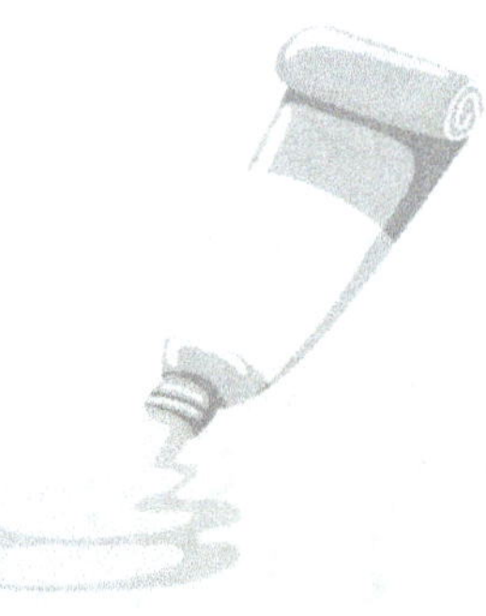

ⴰⵎⵍⵍⴰⵍ, ⵓⵎⵍⵉⵍ, ⴰⵛⵎⵍⴰⵍ

amllal, umlil, acmlal

weiß

ⴰⵣⴳⴳⵯⴰⵖ

azggʷaɣ

rot

ⴰⵣⴳⵣⴰⵡ, ⴰⵣⵉⵣⴰ, ⴰⵣⴳⵣⴰ

azgzaw, aziza, azgza

grün

ⵏ⵿ⵜⵛⵉⵏⵉ

altcini

orange

ⵏⵎⴾⵥⴰⵢ

amkẓay

lila, violett

ⴰⴷⵎⵎⴰⵏ

admman

braun

ⴰⵣⵡⴰⵡⴰⵢ

azwaway

rosa

ⴰⴷⴰⵍ

adal

hellgrün

ⴰⵎⵢⴷⴻⴷⴷⵉ

amydeddi

grau

DIE ERDE

ⵄⴲⴲⴹⵄⴴ

ⴲⴾⴴⴴ
akal
das Land

ⴴⴲⴴⵦⴹ ⵏ ⵓⵖⴰⴼⴰⵢ
asanuḍ n ugafay
der Nordpol

asddi n idurar,
tizult
der Gebirgszug

ill
das Meer

amnẓaw
der Kontinent

tagzirt, tayzirt
die Insel

tamgzirt
die Halbinsel

agaru
der Ozean

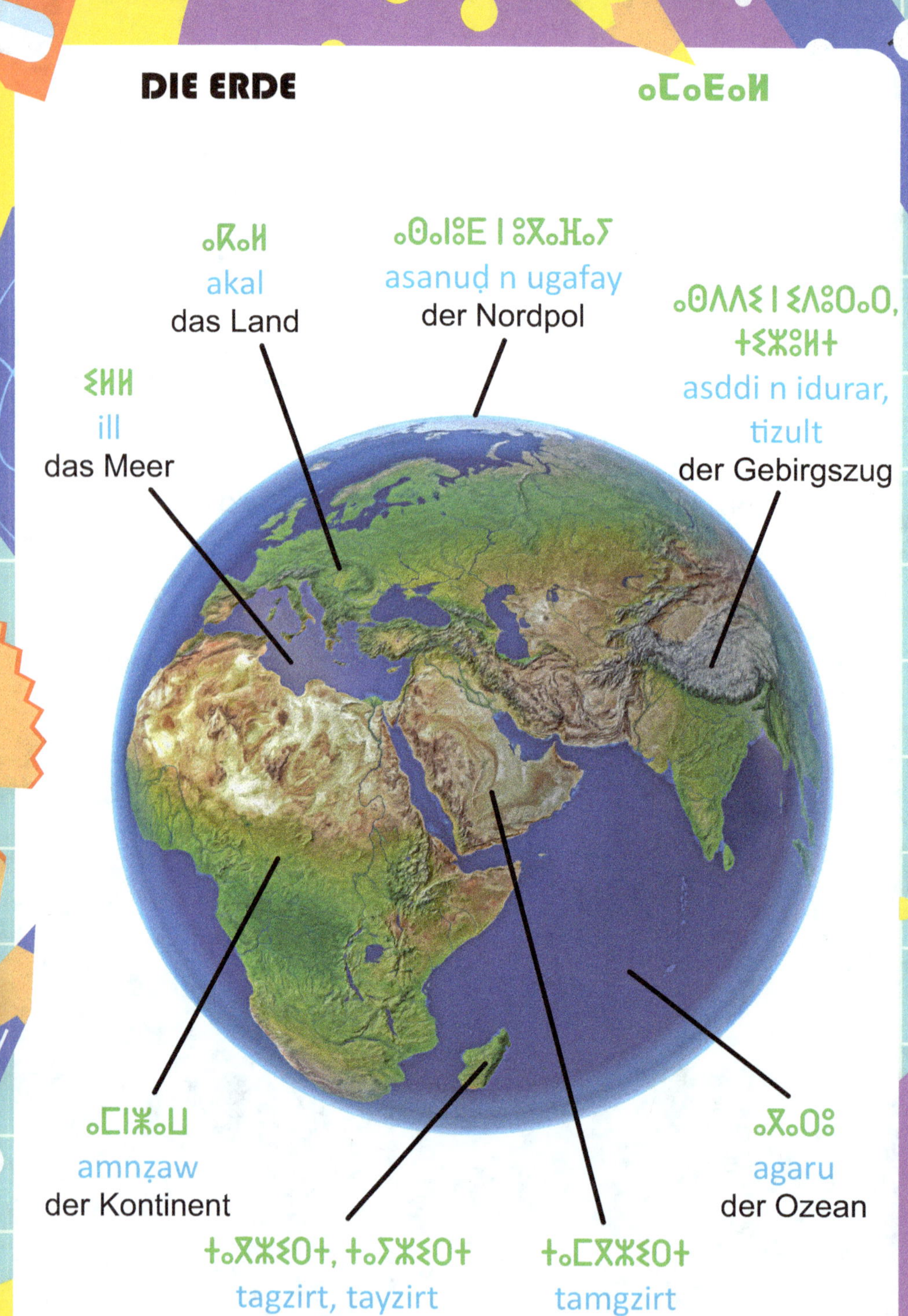

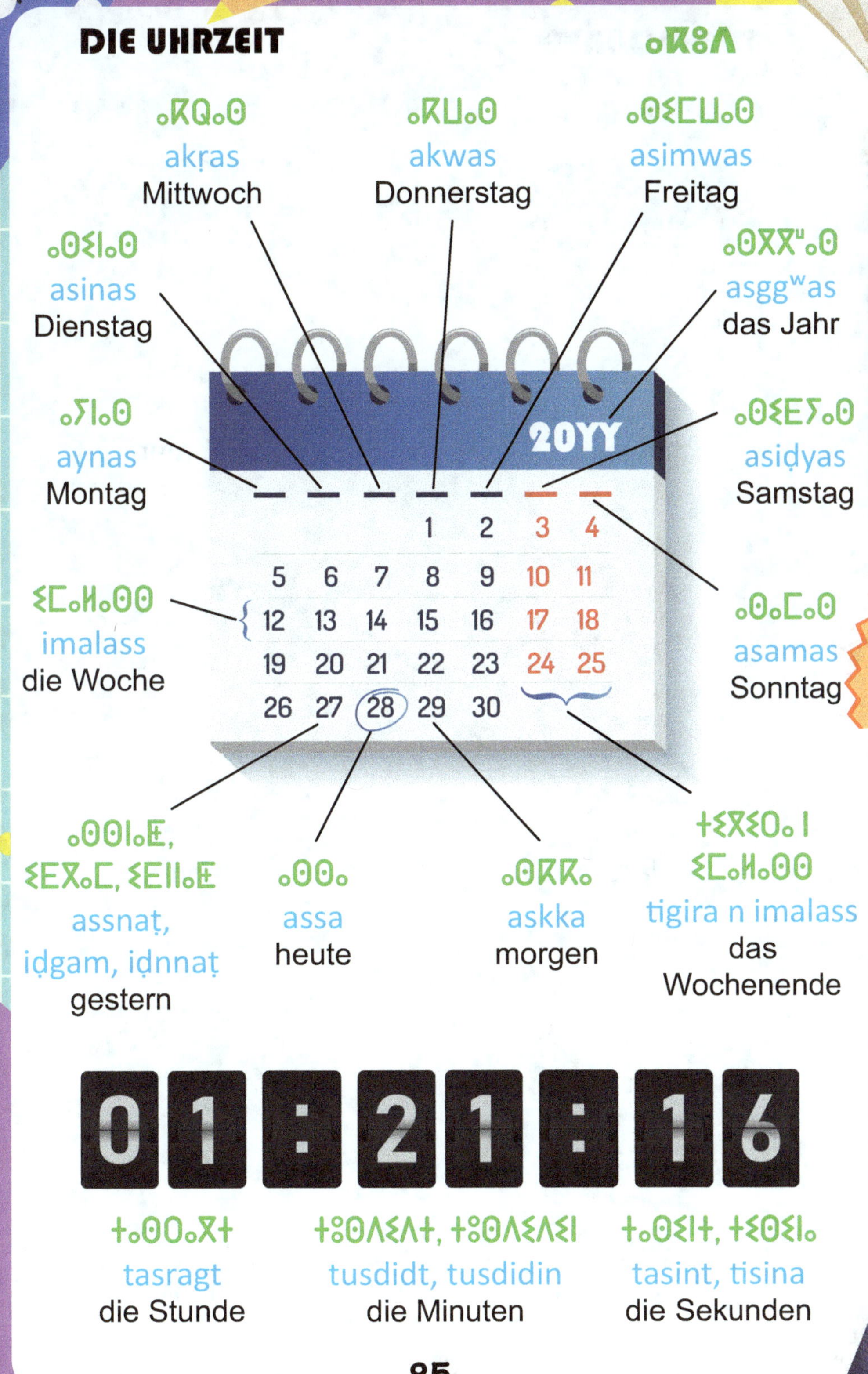

ⴰⴽⵔⴰⵙ
akṛas
Mittwoch

ⴰⴽⵡⴰⵙ
akwas
Donnerstag

ⴰⵙⵉⵎⵡⴰⵙ
asimwas
Freitag

ⴰⵙⵉⵏⴰⵙ
asinas
Dienstag

ⴰⵙⴳⴳⵯⴰⵙ
asggⁿas
das Jahr

ⴰⵢⵏⴰⵙ
aynas
Montag

20YY

ⴰⵙⵉⴸⵢⴰⵙ
asiḍyas
Samstag

ⵉⵎⴰⵍⴰⵙⵙ
imalass
die Woche

ⴰⵙⴰⵎⴰⵙ
asamas
Sonntag

ⴰⵙⵙⵏⴰⵟ,
ⵉⴸⴳⴰⵎ, ⵉⴸⵏⵏⴰⵟ
assnaṭ,
iḍgam, iḍnnaṭ
gestern

ⴰⵙⵙⴰ
assa
heute

ⴰⵙⴽⴽⴰ
askka
morgen

ⵜⵉⴳⵉⵔⴰ ⵏ
ⵉⵎⴰⵍⴰⵙⵙ
tigira n imalass
das
Wochenende

tasragt
die Stunde

tusdidt, tusdidin
die Minuten

tasint, tisina
die Sekunden

DIE MONATE

ⵉⵏⵏⴰⵢⵔ

innayṛ

Januar

ⴱⵕⴰⵢⵔ

bṛayṛ

Februar

ⵎⴰⵕⵚ

maṛṣ

März

ⵉⴱⵔⵉⵔ

ibrir

April

ⵎⴰⵢⵢⵓ

mayyu

Mai

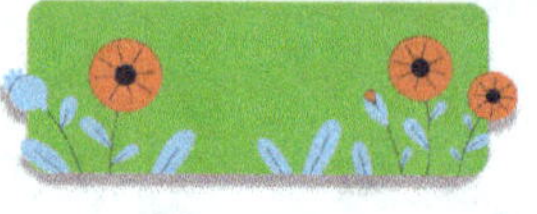

ⵢⵓⵏⵢⵓ

yunyu

Juni

ⵢⵓⵍⵢⵓⵣ
yulyuz
Juli

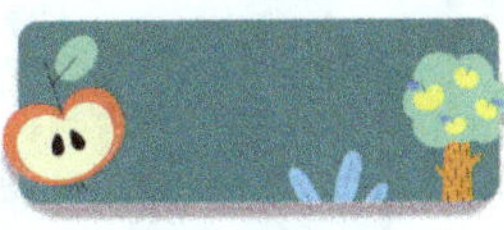

ⵢⵓⵛⵜ
yuct
August

ⵛⵓⵜⴰⵏⴱⵉⵔ
cutanbir
September

ⴽⵟⵓⴱⵕ
kṭubṛ
Oktober

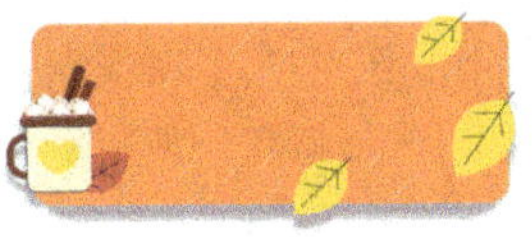

ⵏⵓⵡⴰⵏⴱⵉⵔ
nuwanbir
November

ⴷⵓⵊⴰⵏⴱⵉⵔ
dujanbir
Dezember